껍데기를 벗는다

껍데기를 벗는다

박용진 첫 시집

머리말

생각이 많아지는 겨울,
그중에서도 올겨울은 유난합니다.
세상이 소란스럽기 때문일까요?

한줄 한줄 시를 쓰면서
머릿속은 온갖 상상 속으로 여행을 떠나고 덕분에 소란스러움이 다소간 누그러졌습니다. '시의 힘'이라 믿습니다.

시를 쓰리라고는 조금도 생각하지 못했습니다. 우연한 기회에 입문하게 된 10주간의 대한민국지식포럼 시인대학 9기, 그냥 끄적거리기만 하면 된다는 첫 수업에 속고 말았습니다. 프로스트의 '가지 않은 길' 마무리에 시인이 말했지요. 그냥 산책한 거 끄적인 거고, 시 쓰기가 바로 그거라고요.

10주 동안 박종규 교수님과 함께 한 시간, 그저 끄적이는 게 아니고, 어떻게 끄적여야 하는지를 정성들여 알아가는 숨차고 벅찬 여정이었습니다.

10주 동안 뭘 할 수 있겠어?'라는 시작할 때의 스스로에 대한 물음표 앞에는 어느 정도 답을 찾았지만, 여전히 많은 배움을 기다리는 '초급의 시간'이었습니다.

시간을 그냥 흘려보내지 않고, 꾸준한 익힘과 함께 한다면, 조금씩 나아지리라는 확신이 드는 것이 그나마 다행입니다.

훌륭한 교수님과 9기 동기분들, 함께 할 수 있었던 지난 10주간은 커다란 행운이었습니다. 지금, 이 시집과 함께 그 행운이 계속되리라 믿으며, 조심스럽게 첫 발걸음을 내디딥니다.

두루두루 감사드립니다.

2023년 성탄절에
冬陽 박 용 진

차 례

머리말/ 4

제1부 **메아리**/ 11

지하철/ 13
뻥튀기/ 14
멸치/ 16
산딸나무/ 18
결혼기념일/ 20
메아리/ 22
나무/ 24
손/ 26
어머니/ 28
아버지/ 30
아버지 어머니/ 32
오리너구리/ 36

제2부 **사랑**/ 39

아내/ 41
발/ 42
촛불/ 44
사과/ 46
느낌표 쉼표 마침표/ 48
추석/ 50
새벽/ 52
세 줄 글귀/ 54
화해/ 56
똥/ 58
매미/ 60
가을/62
겨울 태양/ 64
사랑/ 66

제3부 **시와 함께**/ 69

아! 한글, 한글날/ 71
핸드폰/ 72
생선 가시/ 74
껍데기를 벗는다/ 76
포도주/ 78
노인/ 80
목욕탕/ 82
성묘/ 84
혼밥 혼술/ 86
야시장/ 88
9시/ 90
시와 함께/ 92
찔레나무/ 94
길/ 96
오솔길(1)/ 98
여수 밤바다/ 100

제4부 **금오도 비렁길**/ 103

꿈/ 105
도토리/ 106
명과/ 108
오솔길(2)/ 110
금오도 비렁길/ 112
서원문/ 114
The One Thing/ 116
팔레스타인 vs 이스라엘/ 118
유엔 데이/ 120
10.26/ 122
일이 잘 안 풀릴 때/ 124
종점/ 126
공항/ 128
국화/ 130
이웃/ 132
동창/ 134

제5부 **떨켜**/ 137

졸업/ 139
감/ 140
시월/ 142
등산길/ 144
시월의 마지막 밤/ 146
떨켜/ 148
시의 날/ 150
밀양 추억/ 152
내비게이션/ 154
희망으로 말한다/ 156
아픈 친구/ 158
사계절/ 160
경영 인생/ 162
근육을 키운다/ 164
2026년/ 166

에필로그/ 168

제1부 메아리

지하철
뻥튀기
멸치
산딸나무
결혼기념일
메아리
나무
손
어머니
아버지
아버지 어머니
오리너구리

지하철

약속 시간 맞추기 좋고
적당히 운동 되고
피곤한 운전 없는

마음 편한
이웃 동무

뻥튀기

세상이 온통 얼어붙는 겨울 피하고
이글거리는 태양도 피한
좋은 날씨의 오일장터 한 모퉁이

결코, 정돈되지 않은 모습으로 자리한 사업장 앞
다듬어지지 않은 주인의 글귀가 보인다

'이 생명 다하도록 노력을'

쏟아져나오는 양식들이 길게 줄 서서
쉽게 나타나지 않는 새 주인을 기다린다

시간이 흐르고
엄마 손잡은 어린아이의 의도치 않은 자비로
양식들은 하나둘 사라져 간다

사라져 간 뻥튀기 뒤로
다음을 위한 재물이
느리지만
차곡차곡 쌓여가고 있다.

멸치

너를 보며
운명이라는 것을 생각해 본다

그물망에
막 낚여 팔딱거릴 때
지금의 네 모습
짐작이나 했을까

훗날
이 모양으로
호탕한 주당들 안줏거리 간식이 되고
여럿 시인 후보들의 글감이 될 수 있다는 것을

그렇게,
예기치 않은
운명의 순간은
누구에게나 다가온다는 것을

너를 보며
인생을 생각해 본다.

산딸나무

하늘을 향해 그윽하게 펼친
하얗고 맑은 네 개의 꽃잎
그 꽃잎의 강렬함으로
어느새 너는 보이지 않는다

네가 묵묵히 그 자리 있어
아름다운 꽃들 세상 향해
몸짓할 수 있다는 것을
누가 알아주려나

꽃은 피었다가 시들고 떨어져도
너는 언제나 그 자리에서
너를 감추며
꿋꿋하게 서 있는구나

봄이 되어 다시 망울이 생기고
꽃들이 세상을 마음껏 유혹할 때도
아무런 내색 없이
그 자리에 묵묵히 자리하고 있는 너

세상 이치
다 알고 있는 듯한
여유로움에 옷깃을 여민다.

결혼기념일

그 해, 오늘
오묘한 인연으로 만나게 된 꽃
피었다가 시들고
시들었다가 다시 피면서
숱한 사랑의 흔적들
알알이 남겼다

그 추억의 날들
아스라이 돌아보며
다가오는 앞날을 바라본다

좋은 일과 궂은일들
끊임없이 교차할 그날들은
또다시
용감한 우리를 기다린다
희망과 사랑의 시간들은 말한다

어제와 오늘과
그리고
내일의 행복이
함께 한다는 것을…

메아리

산에서
힘차게 열어젖힌 고함 소리가
결국은 메아리 되어
초가을 힘 빠진 모기 마냥
사라지고 만다

바다에서는
집어삼킬 듯
세차게 밀려오는 파도가
결국은 꼬리 내리고
썰물 되어 빠져나간다

강한 것도 다시 약해지고야 마는
순환의 고리를 비웃기나 하듯
하늘을 향한 기도의 조용한 솟구침은
전지전능의 메아리 되어

내 약한 손
으스러질 듯 부여잡고
거뜬히 일으켜 세우고야 만다

나무

계절마다 형형색색
달라지는 모습이
우리를 유혹한다

여름의 울창한 푸르름
겨울의 앙상함
봄의 따뜻함과
가을의 선선함

결코
생색 내지 않고
살포시 던지면서
언제나 우리를 끌어들이고야 만다

말은 없지만
말보다 한층 더 강한 눈빛으로
늘 우리와 함께
모진 세월
이겨내고야 마는 것이다.

손

맨 끝에 자리 잡아
세상과 나를 이어 준다

힘든 시절
호미와 괭이로 땅과 나를 이어주더니
이제는 손가락만으로
지구 곳곳 낯선 것들을
찾아 연결 시켜 주고 있다

부모님
이 세상 떠나시던 날
금세 차가워진 얼굴과 나를
마지막으로 이어주기도 하였다

오늘은 그 손으로
새삼스레
내 얼굴 닿아 보면서
세차게 느낀다

이제 진정으로
이어가야 할 것은
내 몸과 마음인 것을…

어머니

어머니는
기쁨이었다
막 태어난 아기와 함께

어머니는
고통이었다
세상이 주는 갖가지 압박 속에서

어머니는
사랑이었다
모든 것을 아낌없이 주고야 마는

어머니는
세월이었다
언제나 그 속에서 나를 품으셨던

이제
어머니는
눈 감고야
겨우 더듬을 수 있는
추억이 되고 있다.

아버지

아버지는
세월이었다
말없이 같이 있는 것만으로도
그 무게 쉼 없이 느끼게 되는…

아버지는
한 그루 나무였다
꽃이 피거나 지거나
열매가 맺히거나 시들거나
언제나 그 자리에서 든든하게 뒤를 바쳐주는…

아버지는
첫사랑이었다
열 달 동안 어머니 뱃속에서
따스한 기운 느끼며 지낼 때조차도
머리와 가슴을 온통 나에게 기울이며
애 많이 써셨던…

이제
아버지는
점점
낯설고 희미해져 가는
추억이 되었다.

아버지 어머니

당신은 열 달,
한 몸으로
두 몸이 되었습니다

그 옆에서
또 다른 당신은
가쁜 숨 참아가며
늘 속삭이더군요

'그놈 누굴 닮았을까'

그리고 10년,
철부지는 늘 당신을 힘들게만 하지만
당신은 멀리 하늘을 보며
거뜬히 이겨내었지요

그 옆에서
또 다른 당신은
부족함 없도록
늘
무언가를 가져다주었습니다

그리고 20년,
훌쩍 자라는 동안에도
당신은 뱃속의 아기처럼
코흘리개의 10년처럼 다가왔습니다
달라진 것은 앞이 아니고
뒤에서 다가온 것뿐입니다

그 옆에서 또 다른 당신은
더욱 멀게 느껴졌습니다
물론 마음은 똑같이
가까이 있었지요

이제 다른 시간이 되었습니다

당신의 자리를 차지하는
새 식구를 맞이하면서
조금은 이상한 모양이 되었지요

당신과 또 다른 당신은
더 이상 가까이에 보이지 않습니다
그저 가뭄에 콩나듯
생각날 때만 연락이 되고
특별한 날만 볼 수 있는
그런 사이가 되어 버렸습니다
물론 마음은 이전이나 똑같다고
애써 위안하면서…

그래도 그때가 좋았습니다
30년이 더 지났을 때
당신과 또 다른 당신은
더 이상 같은 식으로
숨을 쉬고 있지 않았습니다

많이 멀어졌습니다
그래도 강변합니다
마음만은 예전이나 변함없다고

이제 제가 그 자리에 있습니다
얼마나 많은 봄과 가을이 남았을까요
오늘은 유난히 당신과
또 다른 당신의 모습이 선명하게 떠올라
눈 감고 웃음 지며 그리워합니다.

2023년, 추석입니다.

오리너구리

너를 보며
세상을 다시 본다

생긴 모양도
하는 행동도
보통과 달라
왠지 네게 마음 기운다

세상 다 변할 때
너만 유독
변하지 않은 까닭이 무엇인지

좋아서?
편해서?

그 이유 내가 다 알 수는 없지만
모든 게 다 변하는 세상에서
나만이라도 지켜보자는 마음일까

너는 너답게
나는 나답게
비교하지 말고
시기하지 말고

오늘도 꿋꿋하게
세상 바라보며 웃는다.

제2부 사랑

아내
발
촛불
사과
느낌표 쉼표 마침표
추석
새벽
세 줄 글귀
화해
똥
매미
가을
겨울 태양
사랑

아내

이제
누구인가

참으로
운명이다

끝까지
사랑하리라

내가
지키리라

발

대지가 나에게 말한다
그건 순전히 발을 통해서다

거추장스러운 신발이
살짝 방해해도
아랑곳하지 않는다

그 속에 오붓하게 자리하고 있는
발을 통해 전해오는
간절한 대지의 소리

건강
사랑 그리고
행복을 기원하는
태초의 그 소리가 아닌가

벌거벗은 손 보다
훨씬 낯설게 다가오는
벌거벗은 발

그 발은 결코
나와 떨어질 수 없는 대지 위에서
언제나 나를
굳건하게 지탱해 주는
버팀목이다

촛불

여
기
저
기
촛불이 자리한다

생일 축하 자리에
누군가를 떠나보내는
슬픔의 자리에
무언가를 간절히 바라는
기도의 자리에…

불이 켜지기 전에는
그저 하얀 파라핀에 불과한 것이
성냥불 심지가 닿아 붉은빛 품게 되는 순간
희생이며 배려가 되어 버린다

온 세상이
전기로 손쉽게 밝혀지는 오늘에도
우리는 그렇게 촛불과 함께한다.

사과

날마다 한 번은
꼭 만난다

어쩌다 건너뛰게 되면
왠지 허전해지고
다음날 만났을 때
반가움은 더욱 커진다

대구에서
청송에서
문경에서
봉화에서
예산에서
양구에서

각지의 사람들에게로 전해지는
땅과 땀과 공기의 합작품들

흔한 듯 귀하고
쉬운 듯 어렵고
퉁명한 듯 어여쁜
너는 바로
나의 동반자요 친구이다.

느낌표 쉼표 마침표

쉼은 마치기 전에 오게 된다
느낌은 마치기 전에도 오고
마친 후에도 오며
그 느낌으로
다시 시작할 수도 있다

쉬지 않고 마치게 되면
그 자국은 언제나
부드럽지 못하고 투박하다

쉼은 그저 쉬는 것이 아니다
제대로 느끼고
제대로 마치기 위한
숙성의 과정인 것이다

느끼고 쉬면서
쉬고 느끼면서
마침을 뒤로 또 뒤로 보낸다

그렇게
우리의 세월은
앞으로 앞으로
흘러가고 있다

추석

엄동설한 설 지나면
다음 명절은 선선한 가을 하늘
보름달 높이 떠오른 추석이다

꽁꽁 언 손으로
서둘러 술 한잔 올리고 돌아선 게
지난겨울 성묘였는데

천천히 여유 있게 드시라고
한 말씀 올리면서
느긋하게 자리 깔아놓고
인사드리는 추석이다

그 옛날 뛰놀던 동무들
어디서 무얼 하는지
때마다 새로 장만하던 옷과 신발도
이제는 추억으로만 함께한다

송금만 하면 되는 벌초
도서 지역 외에는
주소 불문 배달 가능한 맞춤 차례상
해외 여행길 제사 모시기
귀성 대란 피하고
마음이 중요하다며
멀리서 전하는 온라인 세배

이렇게 풍속은 끝없이 변해 가지만
추석은 늘
그 자리에 그대로 있다

달라져 가는
사람들의 모습
물끄러미 바라보면서…

새벽

어머니 뱃속에서
가만히 눈감고
웅크리고 있었던 열 달은
내 인생의 동트기 전 새벽이었다

그때의 생각과 자양분으로
그 이후 길게 이어진
하루 같은 인생을 산 것이다

새로운 제품들을
이 세상에 내어놓기 위해 땀 흘린 시간들
아이디어를 내고 디자인하고 다듬으며 보낸
그 제품의 새벽은
그 이후 이어진 하루 같은 긴 날들을 빛내었다

새벽 4시
교회 문을 들어서는 기도회 사람들
그들의 새벽은
하루의 신성한 삶을 기약하는
뜨거운 몸짓이었다

그렇게
새벽은 하루를 결정하고
그 하루가 모여서 일생이 된다

이 어두운 새벽에
홀로 책상 앞에 앉은 나는
지나온 시간과 다가올 세월을 생각하며
또 하루를 맞이할 채비를 한다.

세 줄 글귀

이곳 통해
시를 다시 생각하게 되고
시가 흥미로워지는 순간이었다

'내려갈 때 보았네
올라갈 때 못 본
그 꽃'

세차게 때린다
급하게
서두르며 살아 온
내 삶의 흔적들

시인의 마음과
창작의 솜씨 어우러진
삶의 지혜

어떻게 보느냐에 따라
만물이 달라질 수 있다는
세상 이치

짧은 세 줄 글귀에
진하게 스며든다

*세 줄 글귀/ 고은 시인의 시집을 읽었을 때 큰 충격과 감흥에 젖어 인용한 것임.

화해

세상은 점점 갈라지고 있다
갈라진 틈을 사이에 두고 있는 양쪽은
더 이상 하나가 아닌
또 다른 하나가 되어
거칠게 공격하는 모양이 된다

보고 싶은 것만 보고
읽고 싶은 것만 읽고
듣고 싶은 것만 듣고

틈은 그렇게
점점 깊게 파여지고 있다

좁은 땅에 틈이 커지면서
편하게 설 자리는 줄어만 간다

언젠가는 알게 될 것이다
이러다간 모두가 질 것임을

그 막다른 길에 닿기 전에
손길을 뻗어야 한다
우리는 다를 뿐이라고
서로의 생각은 다르지만,
이해한다고…

똥

매너가 똥 같다고
똥 묻은 개가
겨 묻은 개 나무란다고
본래의 이름보다 더 자주
X로 세상에 등장하는 너

태어나서 이렇게 긴 시간
똥에 대해 생각 해 본 적 있었던가
뜻밖의 시제가 주어진 기회에
너의 내면 어루만지며 느껴보는
오묘한 경험

전 세계 80억개 공장에서
쉴 새 없이 가동되는 제조 현장
재료가 좋을수록
공정이 혁신될수록
최종제품 수준이 좋아지는
냉엄한 현실

예수의 똥은 어땠을까
대통령의 똥
재벌 회장의 똥
마라토너의 똥
미스 코리아의 똥
서울역 앞 노숙자의 똥

갓난아기의 똥
풋풋한 젊은 청년의 똥
스트레스 직장인의 똥
세상 오래 산 노인의 똥

똥은 그대로 말한다
내가 누구인지
어떻게 살아가고 있는지

매미

뜨거운 더위
그렇게 부지런한 동물들도
모두 쉬어 가는데
이놈 더욱,
세차게 울어 제친다

오랜 세월 지하에서
하루하루 겹겹이 쌓인 울분
토해내며 짝을 찾고
잠깐이면 다가올
이생 마감에 대해
서러워 운다

피치 못할 운명의 굴레에서
나름대로 터득한
애처롭고 절묘한
삶의 방식

가을

물 좋은 수박 차지하던 자리에
먹음직한 사과 놓이고

거리 반 팔들이 눈에 띄게 사라져 가면서
더디게 다가오는 가을

얼마 지나지 않아
어느새 맨땅 얼어붙기 시작하고
눈발 흩날리며
그렇게 훌쩍 떠나 버리는 가을

너무나도 짧게 느껴지는 이 계절
사람들은
많은 것들 기대하며
다음 해 위한 희망들 풀어 놓는다

추수하는 농부는
더욱 풍성한 내년 농사를
결혼하는 신랑 신부는
서로를 닮은 이쁜 아기를
직장인은
예년보다 두둑한 연말 보너스를

최고의 계절 즐기는 한편에는
예사롭지 않은 이번 겨울
잘 이겨내고
새봄 맞이하자는
희망 메시지들이 차고 넘친다

겨울 태양

온 천지가 꽁꽁 얼어 붙는다
고층 아파트 가린 음지 산책길은
생각만으로도 몸서리치는데
그나마 좁은 사이
비집고 들어오는 고운 햇볕이 따사롭다.

햇볕의 고마움 익히 알지만
뜨거운 태양과 함께하는 여름은
숨이 막혀 어디든 숨기 바쁘다가
겨울 되어서야 겨우 깨닫게 된다

유난히 겨울이 추운 이웃들에게
멀리서 손짓하는 태양은 특별하다
모진 겨울 이겨내야 하는 절실함을
희망으로 바꿔주는 겨울 태양

이 겨울 지나고 다시 봄이 와도
태양은 여전히 그 자리에 있다
바뀐 것은 우리의 마음
덜 아쉽고
덜 고맙고
인간들의 가벼움에
지긋이 눈 감고
제 일만 열심히 할 뿐이다

태양이 그 자리에 있기에
우리의 몸과 마음은
따뜻하고 아름다워진다
겨울에는 더욱 그렇다.

사랑

사랑하면
생각나는 것들

하나님

부모님
애인

희생
봄날의 꽃
가을 장미

그리고
소중한 마음

제 3부 시와 함께

아! 한글, 한글날
핸드폰
생선 가시
껍데기를 벗는다
포도주
노인
목욕탕
성묘
혼밥 혼술
야시장
9시
시와 함께
찔레나무
길
오솔길(1)
여수 밤바다

아! 한글, 한글날

영어로 말하는 필리핀이 아닌 것도
중국어 사용하는 베트남이 아닌 것도

프랑스어로 말하는 알제리가 아닌 것도
일본어 사용하는 일본 속의 일본이 아닌 것도

경제도
문화도
우리에게는
그날 있었기 때문

580년 전 오늘
10월 9일

핸드폰

요즘
하루가 멀다 하고
요물스럽게 변해가는 네가
두려워지곤 한다

나
어떻게 살고 있는지
무슨 생각을 하는지
무엇을 좋아하는지
어머니보다
아내보다
더 잘 알고 있는 너

10년 후쯤
내가 어떤 사람이 될지
나의 인생은 어떤 형태가 될지
사주팔자 역술인보다
더 잘 알고 있는 너

네가 나를 아는 것만큼
나도 너를 알아야겠다

훗날
너에게 이끌려
방향 못 잡고
허우적거리는
내 모습은 아니어야 하기에

동네 주민센터
스마트폰 교실
검색 해 본다

역시나
핸드폰 통해서다

생선 가시

마른 내 몸 따스하게 감싸주는
도톰한 이불이며
시시각각 어김없는 먹거리들

그때는 몰랐다
최고의 시간 지나가고 있다는 것을

문밖으로 내동이쳐진
그날부터
더 이상 식구가 아니었다

세찬 바람 혼자 맞서야 하고
악취 가득 이웃들과 부대껴야 하는
고독한 시간이 된 것이다

더 이상 잃을 게 없는
더는 나빠질 수 없는
절망 바닥
꿋꿋이 버티며
오늘을 살아간다

얻는 게 있으면
잃는 것도 있다는
만고의 진리 깨달으며

껍데기를 벗는다

살다 보니 점점
껍데기가 두꺼워진다
얼굴도 마음도 습관도
실속 없이 부풀어 오른 것이다

여린 마음으로
세상을 두려워했던
아련한 시간들 어디 가고
자신만만해지면서
여기저기 넘어지기를
수없이 반복한다

어느 날
껍데기 벗고서야
다시 태어나는 가재를 보고
껍데기 벗어 던지고서야

비로소 생존하는
뱀을 보면서
세차게 머리를 흔든다

비로소
마음의 껍데기를
훌훌 벗어 던진다

새로운 출발이다
희망을 잉태한다

포도주

신이 내린 선물

하늘과 땅과
사람 손길 맞닿아
진하게 어우러진 적색 향연

열매 거두어지고
오랜 기간 참고 기다리며
한참 세월 익어간 뒤에야
우리 앞에 모습 드러낸다

숱한 사연 남기고 떠나는
쓸쓸한 뒤안길

귀한 물방울
흔적 남기지 않고
몸속 깊이 진하게 스며든다

노인

그는 누구인가
그저 나이 든 사람
인생 지혜 갖춘 사람
숱한 경험으로 얼룩진
고집 센 사람

내가 보는 노인 다르고
네가 보는 노인 다르다

세상 살 날 얼마 남지 않았다고
혜택 다 보고
남겨준 것 별로 없다고
옛 생각 파묻혀
오늘을 모른다고

그런 조롱 있다해도
묵묵히 지켜보는
세상은 안다

어제 오늘 이루고
내일 만들어 가는 건
결국 시간이고
세월이라는 것을

목욕탕

커다란 고무 다라이가
내 목욕탕이었던 시절
어머니는 온 몸으로
내 몸 구석구석 바꿔 놓으셨다

명절 때면 아버지 손 잡고
십 리 밖 읍내 목욕탕
낯선 모습 마주하기 부끄러워
후딱 끝내고 만다

이제
그 추억의 장소 사라진 자리에
즐비한 사우나
24시간 찜질방

아무리 달라져도
땀 냄새 뿌리치고
가지런히 정돈된
거울 속 내 모습

그때나 지금이나
달라진 듯
여전하다

성묘

어릴 적
아버지 손 잡고
울퉁불퉁 험한 산길 오르내리던
할아버진 할머니 잠든 그곳

상여는 어떻게
이런 높고 먼 곳을 올 수 있었을까
물음에 아무 대답없던 아버지

세월 흘러 이제는
먼 산 향해 펼쳐놓은 제례 상 앞에
일가친척 함께
절 올린다

이제는 가지 않는 산소
험한 길 피하는 편안함 속에
할아버지 할머니 따뜻한 손길은
더 이상 느낄 수 없다

혼밥 혼술

어머니 뱃속에서의 시작도
훗날 지하에서의 시간도
어차피 혼자이다

그 사이,
부대끼는 이웃들과의 시간에도
혼자 남겨지는 시간은
그칠 날 없다

그렇게 익숙해진 혼자의 시간
아늑한 자유 다가온다

둘이서 셋이서
늘어가는 이웃 함께 하면서
얻는 것, 잃는 것 생기지만

혼자이면 어떻고
여럿이면 어떠랴

피할 수 없음을 알기에
그 속으로 나를
세차게 던져버린다.

야시장

잠깐 서는 야시장
밤에 서는 야시장

올해도 때맞추어 찾아온
가을 행사
이른 오후부터
어린아이 손 잡은
엄마들 발품 이어진다

딱히 집히는 것 없어도
한적했던 단지는
어느새 북적이며 소란스럽다

딱 이틀 이어지는 장터에
고객 생각은 뒷전이지만
가을밤 단풍 소리 들어가며
한잔 술 함께 나누는 낭만이 있다

아이들 달래 먼저 집에 보내고
마음 풀린 엄마들 목소리는
불 꺼질 때까지
커져만 간다

아파트와 야시장
어울리는 듯 어울리지 않는
한 폭 가을 풍경이 되고 있다

9시

대개 이즈음 만나곤 한다

수리센터 김 대리
은행 박 과장
갖가지 뉴스에
간밤 도착한 친구들 소식까지

이렇게 하루가 시작된다

12시간 후에는
이런 만남이 있다

소설 속 주인공
오늘의 주요 뉴스
미처 못다 나눈 대화 속 아내
샤워기 뚫고 뿜어나오는 물줄기
오늘을 기억하려고 발버둥 치는 일기장까지

9시부터 9시까지
하루가 저물어 간다

시와 함께

끄적이면 된다는 프로스트의 말에 속았다
그 어려운
해산의 고통 있어야 한단다

쉽게 즐겁게 쓰면 된다는 말에 속았다
감동 감탄 없으면 온전할 수 없단다

똥처럼 쓰면 된다는 말에도 속았다
그냥 똥 아니고
하루 50키로 싼다는
코끼리였다

베끼고 훔치는 것이라 했는데
알고 보니
번뜩이는 상상력으로
함축하고 암시되어야 한단다

언제쯤
반가사유상의 모습처럼
로댕의 생각하는 사람처럼
몰입의 경지
다가갈 수 있을까

시는 시다워야 하기에
스스로 위축되는 마음 다잡고
빈약한 경험
삐걱대는 상상력 기계
힘들게 가동하며
다시 끄적여 보는 시간이다

찔레나무

화려한 꽃이나
미끈한 몸매 시샘 않고
높이 키 키우며
하늘 넘보는 일 없고
저 혼자 오래 살겠다고
발버둥 치지 않는다

때마다 새순 나고
질리지 않는 하얀 꽃의
소박한 아름다움
가시는 이들을 위한
작은 도구일 뿐이다

새순 향해 달려드는 손 아무리 많고
사정없는 낫질 마구 휘둘려도
결코 꺾이는 일 없이
때마다 싹 올려보내는
불굴의 모습이다

길

벼랑길을 걷는다
바다 저 멀리
흩뿌려져 나뒹구는 섬들이
줄지어 나를 맞이한다

오솔길을 걷는다
큰길 너머로 밀려난
좁고 소박한
고향마을 같다

비탈길을 걷는다
어느새 한쪽으로 기울어진 내 모습
바로잡자고 다짐한다

눈길을 걷는다
계절만 바뀌었을 뿐인데
아주 낯설어진 것처럼
몸과 마음 함께 떨고 있다

논두렁길을 걷는다
땀에 전 농부와 아낙의 모습
내일을 기약하는
희망의 소리 그대로다

자갈길을 걷는다
포장 순번에서 밀려난
울퉁불퉁 옛 모습 그대로
추억을 선사한다

여기저기 길 위에서
한참 동안 길을 잃고 헤매다
문득 정신을 차린다

아직은 갈 길이 멀기 때문이다

오솔길(1)

오솔길 봄 내음은
진하기 보다는 옅은 갈색
화려함보다는 순수하고 소박하다

오솔길에 여름이 찾아왔다
흥건한 땀보다는
아늑한 숨소리와 표정에
잔잔한 물결 일렁인다

오솔길 가을은
더없이 스산하다
아스팔트도 가로등도 없이
나와 내 이웃들이
정겨운 손잡고 걸어가고 있다

오솔길에 겨울이 왔다
살짝 덮인 싸락눈을 밟는다
오래전 이맘때
오솔길 옆 이웃집 사랑방에서
군밤 먹으며 나누던 정겨운 시간들

가슴에 새겨진
저마다의 오솔길 걸으며
세상 보는 눈
조금씩 조금씩 익어가고 있다.

여수 밤바다

시월 마지막 주
벌써 찬바람 느끼는
여수의 밤

어디서 왔는지 모르는 타인들과 어울려
화려한 조명 끼고
오동도를 향한다

어디서 왔는지
어디로 갈 것인지
왜 걷는지
아무도 묻지 않는 편안함

저 멀리 요란한 불빛들 함께한다
거북선 대교
해돋이 등대
낭만포차
버스킹
사람들 움직이는 소리 요란하다

바다에 담긴 조명에는
여러 이야기들이 담겨 있다
이야기 속에서
서로를 느끼며
걸음을 서두른다

여수 밤바다는
너와 내가 함께하는
낭만의 추억이다.

제4부 금오도 비렁길

꿈

도토리

명과

오솔길(2)

금오도 비렁길

서원문

The One Thing

팔레스타인 vs 이스라엘

유엔 데이

10.26

일이 잘 안 풀릴 때

종점

공항

국화

이웃

동창

꿈

아침 일찍
이불을 박찬다
좋은 하루 꿈꾸며…

늦은 밤
이불을 끌어다 덮는다
좋은 내일 꿈꾸며..

꿈은
나도 너도 모르는 사이
어느새 이루어진다

도토리

가을 진하게 퍼진 날
참나무 숲 걷다가
바닥으로 눈 돌리면
패잔병처럼 다음 갈 곳 모른 채
여기저기 뒹굴고 있다

동네 유치원
째깍째깍
초침 돌아가는 소리 마냥
쉴 새 없이 떠들어대는
모자 쓴 아이들 모습에서도
도토리를 본다

아직은 좀 떫고 거슬려도
시간 흐르고 다듬으면
어느새 먹음직스러운
묵사발의 주인공 된다

우리 아이들이 그렇다.

명과

누군가에게
달콤함 맛보게 한 지가 언제인지
기억하지 못한다

누군가에게
즐거움 선사해 본 지가 언제인지
기억나지 않는다

뜻밖의 선물로 다가온
눈꽃 머금은 명품 유과
고마움의 맛
즐거움의 맛
혀끝에서 녹아내릴 때

나도 누군가에게 베풀어야 할
달콤함과 즐거움
애써 찾아본다.

오솔길(2)

부모산 오르는 길
신작로 따라 걸었다
풀섶에 숨어있는 길
맨발로 용기를 낸다

어느새 흘리는 땀 냄새
풀 향기에 취하여
미끄러져 간다

다람쥐 뛰어놀고
찌끼찌끼
박새 소리 그윽한 길

맑은 물
이름 없는 풀
아무리 밟아도
하루 자고 나면
방긋 웃으며 나를 반긴다

화려하지도
초라하지도 않은
소박한 오솔길
뜻밖에 만난 옛 친구처럼
꽃 한 송이 만난다
반가움이 극치를 이룬다

금오도 비렁길

순천 찍고 여수가 끝인 줄 알았는데
그 끝에 금오도가 손짓한다
산과 바다 정취 함께 느껴보라고

신기항 여천항 뱃길
헤치며 나가는 길 뒤로
세찬 파도 일렁이다
잠잠해진다

산에서 바라본 바다
바다에서 바라보는 산
어느 쪽 상관없이
서로를 품는다

오르막 지나면 내리막
숲속 길 걷다 보면
어느새 탁 트인 바다

세상 어느 것도
영원하지 않음을
말없이 보여준다

비렁길은 그대로 있고
사람들은 멀고 힘든 길 찾아와
말없이 배우고 간다

서원문

금강 스님
미황사 떠나
제주 원명서원
취임하시며 던진 화두

사물 깊이 관찰하며
마음 모아
숨 쉬고 미소 짓기

자비 연민 기르고
기쁨 평정 수행하며
중생 고통 이해하기

아침에 한 사람 기쁘게 해 주고
저녁에 한 사람 슬픔 덜어주기

단순하고 맑은 삶
적은 소유
몸과 마음의 건강

가볍게 자유로움 찾아
근심 걱정 놓아 버리기

평생 걸친 삼천 배 하안거
큰 산조차 작아 보이는
내공의 힘
세상을 밝힌다

The One Thing

당신에게
가장 중요한
'단 하나'는 무엇인가

어제도
오늘도
내일도
할 일들은 계속된다

운동하고 모임 나가고
여행가고 시 쓰고…

할 일 목록에
빼곡히 적혀있는
못다 한 일들
중요한 척하는
중요하지 않은 일들
모든 일 제쳐두고
한 가지만 선택하라면

더하기는 쉬운데
빼기 어려움 실감한다
없어서는 안 될 단 하나
그 하나를 찾는 지혜를 구한다

팔레스타인 vs 이스라엘

또 터졌다
4차 전쟁 후
총성 없었던 지난 50년
웬일인가 했더니
그 감정 어디 갈 리 없다

우리 땅 내놔라
무슨 소리냐
가만두지 않겠다
끊임이 없고
앞으로도 어쩔 수 없는 것일까

전지전능한 신은
전쟁 원할 리 없는데
그 신의 위대한 자손이라고
큰소리치는 사람들
계속 싸우고만 있다

자기들 명분만 내세울 뿐
누구도 신의 뜻 따르지 않는 모순으로
힘든 고난의 길 걷고 있다
고난이 바로 영광이라는 외침이
착각처럼 들린다

진정 위대한 신의 힘으로
인간의 불가능한 영역 바로잡고
언젠가는 다 함께
평화 누리기를 기원 해 본다

유엔 데이

어릴 적 하루 쉬면서
억지로나마 세계를 생각했다

참혹한 전쟁에서
우리를 구해 준 은혜 생각하며
하루살이 힘들었던 그 시절
일 년에 하루 10월 24일
기억을 입혔다

정해져만 있을 뿐
빨간색 지워진 지 어느새 50년
기억은 허물어져 간다

곳곳에 전쟁 참화 이어지고
양쪽이 차갑게 갈리면서
무슨 일 어떻게 하는지
할 수 있는 게 있기나 한 건지
커져만 가는 의문과 함께
관심은 멀어져 간다

모두가 잘 살려고 발버둥 치면
모든 게 흐트러지고
욕심 커지는 만큼
평화 설 자리 좁아진다

유엔 데이를 맞아
우리를 제대로 보호해 줄
탄탄한 국제연합을
기대해 본다.

10.26

5월 16일
총이 일어섰다
19년 뒤 10월 26일
총으로 무너졌다

독재의 원흉으로
산업화의 영웅으로
한 인간은 그렇게
여러 이름을 남겼다
돌고 도는 역사의 수레바퀴
한 지점이었다

반세기가 흘렀고
많은 것이 변했다
변하지 않는 것은
계속 돌고 있는
수레바퀴뿐

훗날
어떻게 기록될지
여기서는 알 수 없지만
어떻든 상관없다
역사의 수레바퀴는
돌고 또 돈다

일이 잘 안 풀릴 때

도대체 왜 이러냐고
불평부터 나온다
그럴수록 참착하라 했는데
그게 쉽지 않다

열받아 흥분할수록
더 꼬인다고 했는데
생각할 여유조차 없다

그때가 실력 키울 때라고
내심 미소 지어야 한다는데
그건 신의 영역처럼 들린다

살다 보면
안 풀릴 때가
잘 풀려나갈 때보다
훨씬 많다
그때마다 불평하면
그 보따리 한없이 커져
나를 짓누른다.

그래
풀릴 때는 그냥 가면 되고
안 풀릴 때는
그 끝 생각하며
고민을 즐겨보자고
애써 마음 추슬러 본다.

종점

종점에는 뭐가 있을까

버스 종점에 버스 있고
비행기 종점에 비행기 있듯
내 인생 종점에는
내가 있을까

다시 돌아올 때
타고 간 버스 탈 수 없듯이
내 인생 다시 산다면
그 모습 그대로일 수 없다

종점에 가면
무엇을 할까
어차피 돌아올 길
예약부터 하고
오랜 갈증 달래 줄 생수 한잔 후
생각에 몸 맡기고
훨훨 날아갈 것이다

어차피 거쳐 가는 정거장일 뿐
흥분도 실망도 없이
담담히 걸어갈 뿐이다

공항

해외 나들이 귀하던 시절
누구 한 사람 출국할 때면
온 집안 식구들 모여들었고
입국 때면 갖가지 선물 준비하느라
머리 싸매기도 했다

막 예식을 마친
정신없는 신혼부부
한숨 돌리는 곳
이제 곧 비행기 타면
긴장된 순간 뒤로 하고
서로 어깨 기대어
오손도손
미래를 꿈꾸리라

출국장에서 외친
선수들 향한 화이팅! 소리
입국장이 되면
때로는 실망으로
또는 환호성으로
메아리 된다

그렇게 공항은
우리에게로 다가온다
좋든 싫든
뿌리칠 수 없는
이착륙의 교차점이다

국화

국화 속에는 가을이 있다
사랑스런 내 누이처럼
잔잔한 웃음 머금고
수수한 모습으로
다가온다

봄부터 들릴 듯 말듯
울어 댄 소쩍새
먹구름 속에서
쾅쾅 울어대던 천둥 덕분에
은은한 향기와 함께
마주하게 된 행운

어디론가 길 떠난다
응접실 빛내는 소복한 꽃꽂이로
손님과 대화 나누는 한잔의 차로
고인을 떠나보내는 슬픔의 조화로

국화 속에
갖가지 인생이 묻어난다

이웃

함께 했던 수많은 이웃들
어디서 어떻게 살아가고 있을까

어릴 적 담벼락 사이에 두고
늘 들려오던 전축 소리와 함께
가끔 마주치던 구멍가게 아저씨

담 너머 늘어진 가지에 달린
잘 익은 감을 자기 것처럼
따 먹던 개구쟁이 친구

신혼 시절
어렵게 구한 작고 낡은 아파트
1층 맞은 편에 살면서
세상 안부 나누던 동년배 신혼부부

해외 주재원 시절
우리의 불편함을
살갑게 헤아려 주던
턱수염 가득했던 옆집 톰 아저씨

그리고 지금
좋은 일 궂은일
불평 반 사정반
시시때때 만나는
아파트 이웃들

특별한 의미 없어도
무언가 속삭이며 다가오는
추억 속의 정겨운 이웃들이다

동창

초중고 대학
같은 동창 다른 느낌

그리움 아쉬움
즐거움 성숙함

다시 올 수 없는
그때 그 시절 그리듯
서로를 부르며
서로에게 다가간다

내가 너 아는 만큼
너도 나 알기에
우리는 그렇게
부담 없는 사이 되어
먼 길 함께 걸어간다.

제 5 부 떨켜

졸업
감
시월
등산길
시월의 마지막 밤
떨켜
시의 날
밀양 추억
내비게이션
희망으로 말한다
아픈 친구
사계절
경영 인생
근육을 키운다
2026년

졸업

졸업에는 지나간 선배들
앞으로 곧 뒤따라올 후배들 모습이 겹친다

축하의 꽃다발
풍성한 격려 속
한 발 힘차게 내디딜 때
문득 떠오르는 사람들
시작은 같이했는데
마무리 같이 못 하는 아쉬운 학우들

졸업에는 또 다른 시작이 있다
그동안 쌓아 온 정성 디딤돌 삼아
더 넓은 세계 바라보라는
엄한 회초리 애써 숨기며
동무들과 손잡고
마음껏 웃음 터트린다

감

대추 한 알에
태풍
천둥
벼락이
함께 했다면

감 한 개에는
여기에 더하여
뜨겁고 강렬한
태양이 함께했다.

태양은
긴 장마 속 장대비
태풍 천둥 벼락 모두 이겨내고
대추가 검붉은 모습 될 때
속과 겉 환하게 붉은
참한 친구를 만들어 주었다

시월

단풍 활짝 물들더니
어느새 낙엽이다

엄동설한 변죽 울리는
일교차 소란스럽다

곳간 채우는
온갖 추수 이어지고
넉넉함이 주위를 물들인다

이맘때면 하겠다던
사회 향한 통 큰 활동은
아직 제대로 시작도 못 했는데
하늘 높고 말 살찌는 짧은 계절은
속절없이 빠르기만 하다.

한 해 마감하는 새 달의 시작
기어코
의미 있는 한 해
만들어 보겠다는 필부는
잃을까 놓칠까
조바심 내며 촉수를 뻗친다

아,
시월이다

등산길

오르고 내리기 반복하며
결국에는 오르고야 마는
정상길에서
산은 나를 거칠게 시험한다

얼마나 견디는지
언제쯤 지쳐 떨어지는지

내색 않고
묵묵히 걷는다
가쁜 숨 삼키고
흐르는 땀 훔치며
마음에도 없는 말
"아, 시원하다"

하산길
한층 여유 되찾으며
산에게 되묻는다
이 정도면 아직은 괜찮지 않냐고

가을 단풍 흐드러지게 물든 산이
우스운 듯 미소 짓는다

"그래, 힘내시게."

시월의 마지막 밤

어둠은 더 빨리 다가오고
밤공기는 겨울인 양 차갑다
왠지 만남보다는 헤어짐이
어울릴 것 같은 시간

얄팍해지는 달력 보며
누군가를 향해
마음 담은 편지를 써야 할 것 같다

턱 밑 11월을
저만치 붙잡아 놓고
아직은 너와 내가 이어지는
시월의 시간

그래도 이 밤 지나고 나면
무슨 일이든 벌어지는 11월
만나면 헤어지고
헤어지면 다시 만난다는
글귀 떠올리며
스산한 가을 냄새를 느껴본다.

떨켜

여름내
진한 녹색 잎사귀들
이 가을 잠깐
황홀한 단풍 되었다가
어느새 낙엽으로 밀려난다

눈에 보이듯
그냥 흘러가는 게 아니다

그 속에 담긴
새 생명 향한
모진 희생과 약속
이별의 아픔
절절히 다가와
끝내 눈물 안기고 만다

해가 바뀌고 맞이하는 봄
새 잎사귀 잉태하며 몸서리친다

지난해 떨궈야 했던 그 생명
너의 고귀한 희생으로
긴 겨울 모진 추위 견뎌낸 어미는
이제 막 눈 뜨는 네 동생에게
네게 못다 한 사랑까지 꾹꾹 담아
넘치도록 베푸리라

다시 가을이 오고
또다시 떨구어야 해도
더욱 큰 세상 품으려는
너의 의지 소중히 담아
길이 빛내어 주마
약속한다

시의 날

시월의 마지막 밤 보내고
새로운 달의 첫날
시의 날

세상 조용할 때
마음을 흔들고
세상 소란할 때
고요함을 끌고 왔던
무수한 상상의 향연들

시인은
목청 높여 노래 부른다
사랑과 이별 이야기
기쁨의 감동
슬픔의 애통함

수많은 이야기 속에
세상은 다듬어진다

시의 날
나를 다듬고
세상 보듬는
따뜻한 생각들을
불러 모은다.

밀양 추억

진한 냄새 묻어있는 내 고향

밀양에는 많은 추억이 묻어있다.
감 대추
장날 달구지
강 건너 학교
영남루 표충사 얼음골

추억들은 때때로
비틀거리는 나를
일으켜 세운다

밀양에는 친구들 냄새가 묻어있다
이제는 어느덧
부끄럼 모르는 동네 할아버지 할머니 된
보고 싶은 그때 그 철부지들

밀양에는 부모님 냄새가 묻어있다
봄 여름 가을 겨울
철마다 달라지는 풍경들 속에
소복이 담겨있는
아련한 당신의 모습 그리워진다

지금은 비록 서울살이지만
냄새는 여전히
햇볕 빽빽한 밀양에 있다

내비게이션

길에서는
이놈이면 다 될 줄 알았는데
착각이었다

조금의 상상력도 없이
그저 자기가 아는 게 다인 줄
고집 피울 때가 있다

바꿔야 할 때 안 바꾸고
안 바꿔야 할 때 바꾸고
생각 없이 따라가는 나를
당황스럽게 놀려먹는다
그래도 어쩔 수 없다
이놈 믿고 가는 수밖에

인생 길잡이도 그렇다
모든 것 의지하기보다
방향 가르쳐주면
그다음은 내가 할 수 있어야
세월에 놀려 먹히는 일 없을 것 같다

희망으로 말한다

왜 사냐고 물어보면
갑자기 먹먹해진다
사는 것은 현실이다

우리는 왜 사는가
열심히 공부하고
성실하게 일하고
가족 친구 사회와 어울리면서
건강할 때도 있지만
불편할 때도 적잖다
즐거울 때도 있지만
슬픔과 아쉬움의 시간도 적잖고
평화의 시기도 있지만
아비규환의 전쟁 또한 적잖다

그럭저럭 먹고살 만한 때도 있지만
힘들 때도 적지 않다. 그러다 때가 되면
이 세상 하직하고 사라질 뿐이다

그래도 세상은 살만한
가치 있다고 힘주어 말한다
희망이 있기 때문이다
겨울 지나면 봄이 온다는…

치솟는 물가도 광기의 전쟁도
지나고 보면 끝이 있더라는
아픔도 지나고 나면 어느새 사라진다는
힘든 오늘 잘 견뎌내면
그 끝에는 반드시 보상 주어진다는

훗날 저 먼 세상에서도
흐뭇하게 이곳 바라보며
누군가를 위해
기도하는 삶을 누릴 것이라는

희망찬 발걸음
가득한 세상이기를 소망한다.

아픈 친구

친구1
아내가 많이 아프다
벌써 10년째, 기억은 많이 약해지고
혼자서는 몸도 제대로 가누지 못한다

친구2
지난해 해외여행 다녀왔다고
자랑삼아 이야기했는데
조금 전 통화에서 몸이 안 좋아
바깥나들이조차 어렵다고 한다

친구3
중환자실의 친구와 영상 통화를 했다
목소리는 그대로인데 얼굴이 퉁퉁 부어
누군지 알아보기 어려웠고
모레 큰 수술 앞두고 있단다

친구4
하루걸러 투석을 받고 있다
신장이식을 기다리고 있는데
언제쯤 차례가 올지 막막해한다

친구5
대학병원 수술이 잘못되어
식물처럼 누운 지 2년째
언제 눈 뜰지 기약조차 없다

아픈 만큼 성숙해진다는데
쓰라린 아픔들은 그럴 여유가 없어 보인다
눈부신 과학에도 이 아픔들은 어쩔 도리가 없다

괴롭고 답답해도 참아다오 친구야
너를 위해 기도하는 수많은 마음들 담으며
조금씩만이라도 애써 웃음 지으며 같이 걸어보자

사계절

나비 떼 사뿐사뿐 날아가듯
봄은 아지랑이와 함께 다가오고
언 땅 녹으며 새싹 돋듯
희망이 피어난다

어미 찾아
귀 떨어질 듯 울어대는 배고픈 아기처럼
하루 종일 짝 찾아 헤매는
매미 소리와 함께 여름이 찾아오고
아슬아슬한 옷차림들 드러내놓고 우리를 유혹한다

담벼락 너머 감나무마다
도화지 그림처럼 주렁주렁 열매 달리면서
넉넉한 가을 왔는가 싶더니 돌아서는
영화 속 연인처럼 쓸쓸하게 갈잎이 떨어진다

바위처럼
차갑고 딱딱하게 얼어붙은 대지
옷깃에 고개 들이밀고
서로 쳐다보기조차 힘든
겨울이지만
딸랑딸랑 구세군 종소리가
마음 녹일 때
여기저기 봄을 기다리는 소리들로 아우성이다

계절이 바뀔 때마다
꿈을 키우는 소리,
높이 날아오른다

경영 인생

세상에 모습 드러내고
첫울음 터트리기 전
든든한 모기업 지원과
강한 교감 어우러진
열 달간의 자회사 운영

이어진 스타트업 경영
모든 게 낯설고 어색한 환경
모기업 지원 예전 같지 않고
스스로 해결할 일 가득한 시절
시간 지나면서
어설픔은 익숙함으로 바뀌고
때때로 재미까지 더해지는
초창기 경영

학업 과정 마치면서 시작된
본격 경영
성과가 과제로 주어지는 엄한 사회생활
치열한 살아남기 경쟁이
매일매일 이어졌던 시절

은퇴 후에도
경영은 계속된다
자신과 가족과 이웃의
더 나은 내일을 위한
오늘의 경영 활동

진짜 경영은
지금부터가 아닐까

근육을 키운다

여기저기
근육 키우는 소리가 뿡뿡거린다
나이 들면서
키워지는 것은 손톱만큼인데
빠지는 것은 성큼성큼
조금이라도 늦추려고 애쓰는 모습들
잘 먹고!
열심히 운동하고!

빠지는 것은 몸 근육만이 아니다
마음의 근육도 예전과는 다르게
끝없이 약해져 간다

쉽게 상처 입고
잘 삐치고
내려놓지 못하고
시간 나는 대로 근력을 키우자

몸 단련하면서 그에 못지않게
마음의 근육도 키워나가자

쌀쌀한 날씨, 마다치 않고 자리를 박찬다
체육관으로!
자연 속으로!
책 속으로!

2026년

이년 남짓 남았다
세상은 어떤 모습일까

두 개의 전쟁은 끝날까
끝난다면 어떤 방식으로
또 다른 전쟁의 가능성은

치솟은 물가는 잡힐까
인공지능은 또 어디까지 가려나
내 차는 내 손 없이도 달려갈까
그놈이 시를 쓰면
서정주 윤동주 나태주를 얼마나 따라잡을까

대부분
우리 친구들 70이 된다
옛날에는 흔치 않았던 고래희
지금은 흔해 빠진 숫자
그래도 지난 세월을 경력 삼아
잘들 버티어 간다

고운 시선으로
갖가지 변화 받아들이며
세상을 향해
나를 향해
의미 있는 시간들을 만들어 간다

에필로그

과제로 받은 제목들을 두고,
아무 생각도 나지 않던 시인대학의 시간들
지나 보니 그래도 70여 편의 생각들이 이어졌습니다.

틈만 나면 생각에 잠겨봤지만,
머릿속은 제대로 가동되지 않고,
잡념들이 마구 흔들어대는 시간이 대부분이었습니다.

생각을 바꿔보았더니,
그럴듯한 상상력도 좋지만,
잡념이라고 다 버릴 건 아니었습니다.
가느다란 상상력의 실마리와 넘치는 잡념들이 한데 어우러지면서, 상상력의 힘으로 잡념들을 가지치기하고, 결국에는 숙제를 풀어가는 힘든 과정이었습니다.

박종규 교수님의 탁월한 지도법으로 저를 비롯한 아기 고래들이 춤춘 시간은 훌쩍 지나고, 점점 자라나는 고래의 모습을 기약 해 봅니다.
무엇으로 보답해야 할지 모르겠지만, 언젠가 괜찮은 시 한 편 한 편 잘 정리하여, 보여드리면서, 오늘을 돌아보고 싶습니다.

항상 든든한 뒷받침 되어 준 아내,
고맙습니다. 사랑합니다.

열정적으로 이끌어 주신 박종규 교수님,
정말 감사합니다.
존경합니다.

2024년 새해 첫날
시인 冬陽 박 용 진

껍데기를 벗는다

초판 인쇄   2024년 01월 16일
초판 발행   2024년 01월 19일

지은이   박 용 진
발 행 처   다담출판기획　TEL : 02)701-0680
　　　　　서울시 영등포구 영신로30길 14, 2층
편 집 인   박 종 규
등 록 일   2021년 9월 17일
등록번호   제2021-000156호
I S B N   979-11-985728-7-5　03800
가　　격   14,000원